GLÜCKLICH SEIN:

Wie du in 21 Schritten lernst dein Leben zu lieben und glücklich zu sein

Susanne Sander

Inhaltsverzeichnis

Einführung

Was genau bedeutet Glück?

Es ist klar, dass Glück nicht viel damit zu tun hat, wie viel Geld du besitzt, was du alles erreicht hast oder wie viele Besitztümer zu aufweisen kannst, denn es gibt zahlreiche Menschen, die alle drei dieser Dinge aufweisen und dennoch in ihren Leben nicht glücklich sind.

In diesem Buch möchte ich das Glück nicht als etwas handhaben, das du besitzt, sondern als etwas, dass du aktiv in jedem einzelnen Tag deines Lebens fördern kannst.

Das Glück ist unglaublich geheimnisvoll und dies ist nur einer der Gründe, warum es so schwer zu definieren ist. Es ist eines der Dinge im Leben, die man kennt, sobald man sie spürt und die doch in vielen Wegen einfach und unkompliziert sind.

Glück könnte als eine Gewohnheit, tägliches Erlebnis, eine Wahl, Geisteszustand oder sogar als Lebensstil betrachtet werden. Das wahre Glück scheint tief aus dir selbst zu kommen. Wirf doch einmal einen Blick auf einen glücklichen Menschen, es schwirren keine magischen Feen um diese Person herum. Nichts befindet sich in diesem Menschen, das sich nicht auch in dir befindet. Während externe Einflüsse und Gegebenheiten zu einem bestimmten Grad natürlich auch eine Rolle spielen, stammt Glück nicht von dem, was dir widerfährt, der Situation in der du dich befindest, wo du dich aufhältst oder ähnlichen Umständen.

Schließlich wäre dieses Buch unglaublich kurz oder würde erst gar nicht existieren, wenn es wirklich so einfach wäre, glücklich zu sein! Ich könnte sagen: „Entschließe dich dazu, glücklich zu sein“. Du würdest diese Entscheidung treffen und das Buch wäre zu Ende. Ironischerweise mangelt es uns, obwohl wir alle den tiefsten Wunsch haben glücklich zu sein, an Konsistenz, Fähigkeit und Hingabe, die tatsächlich erforderlich sind, um nicht nur für einen Tag lang Glück zu verspüren, sondern an jedem einzelnen Tag in unserem Leben.

Wir warten darauf, dass über Nacht große Wunder geschehen, durch die all unsere Probleme von uns genommen werden, einen Ritter in glänzender Rüstung, der uns rettet und uns die Erlaubnis gibt, mit unserem Leben zufrieden zu sein. Wir warten darauf, dass man uns das Glück überbringt und würden nicht im Traum daran denken, dass dafür auch etwas getan werden müsste.

Auch wenn viele Leser an dieser Stelle vielleicht nicht ganz einverstanden sind, lässt sich das Glück weder in Wundern oder als glückliches Ende (Happy End) einer Liebesgeschichte finden, noch in der Lotterie gewonnen oder durch Gott erhalten werden, der seinen Zauberstab schwingen lässt, damit auch alles in Ordnung ist.

Das Glück kommt aus dir selbst und von keinem anderen, weder in der Vergangenheit, noch in Zukunft.

Stelle dich jetzt der Herausforderung und begleite mich drei Wochen (21 Schritte) lang, jeden Tag einen weiteren Schritt, um dich zu einem glücklicheren Menschen zu machen, der sein Leben wirklich lieben kann.

Kapitel 1 – Die erste Woche deines Glücks

Willkommen in der ersten Woche deines neuen Lebens, welches wir mit Glück erfüllen werden.

Tag Eins – Glück bedeutet für mich ....

Es ist wirklich einfach, die Frage zu beantworten: „Bist du glücklich?“ Jedenfalls deutlich einfacher als genau zu definieren, was das Glück ganz genau ist.

Die Meisten von uns ersetzen allerdings gerne alles, was gerade im Trend liegt oder in Mode ist als ihre Auffassung von Glück. Wir scheinen überzeugt davon zu sein, dass Glück genau das bedeutet, was unsere Freunde oder unsere Glaubensgruppe darüber sagen. Vielleicht auch unsere Lieblings-Promis, die Politiker unseres Landes oder die Millionen von Unternehmen um uns herum, welche uns jeden Tag versuchen zu überzeugen und uns Glück sogar zu einem besonders attraktiven Preis verkaufen wollen.

Glück kann das Gefühl sein, die Dinge richtig anzupacken, dass du einen starken, gesunden Körper hast, dass du all deine gesetzten Ziele erreichst und dass du die Dinge hast, die du willst oder alternativ könnte es auch einfach nur bedeuten, dass du nicht unglücklich bist.

Heute nimmst du dir die Zeit, etwas über Glück nachzudenken. Philosophen dozierten seit Jahrhunderten über diese Frage und daher ist es an dieser Stelle nur fair zu sagen, dass auch du nicht sofort zu einer eindeutigen Antwort kommen wirst. Befasse dich dennoch mit dieser Frage. Um dir den Einstieg zu erleichtern, folgen ein paar Aussagen, was die Menschen im Laufe der Jahrhunderte als „Glück“ betrachteten. Mit welchen dieser Punkte stimmst du heute überein?

Glück ist ....

- Erfolg, hart daran arbeiten, gut in Dingen zu werden
- In Einklang mit Lebenssinn und Schicksal zu leben
- Kann nicht erklärt, sondern nur erfahren werden
- Gesunder Körper und Geist
- Die kognitive Gewohnheit, mit Disziplin arbeiten und lernen zu können
- Liebe
- Sich selbst herausfordern, sich Zweifel und Ängsten zu stellen und Hindernisse zu überwinden
- Die Freude, etwas zu erschaffen
- Ein ethisches, moralisches Leben
- Erlebnisse, Gedankenrausch, Musik usw.
- Für jeden Menschen einzigartig
- Luxus, die feinen Dinge im Leben
- Etwas soziales, das mit anderen geteilt werden kann
- Selbstausdruck
- Etwas nicht erreichbares, nach dem lediglich gestrebt werden kann
- Darüber lachen zu können, wie absurd das Leben ist
- Überbewertet
- In Frieden, Zufriedenheit und voller Akzeptanz zu sein

Heutige Übung

Erarbeite, was für dich persönlich Glück bedeutet

Tag Zwei – Erlaube dir selbst, glücklich zu sein

Vielleicht bist du auch wie ich, jemand der das Konzept ebenfalls liebt, aktiv etwas dafür tun zu müssen, um glücklicher zu sein. Du bist bereit, alles für dieses Ziel zu tun und wirst dein Bestes geben, sobald die stressige Arbeitswoche vorüber ist oder du ein paar Kilo verloren hast, wirst auch du glücklich sein.

Du redest dir ein, dass alles in Ordnung sein wird, du nur noch bis zum Ende des Monats durchhalten musst, weitermachen musst, deine Erkältung loswerden musst oder du nur die Gehaltserhöhung bekommen musst und dann wirst du glücklich sein.

Sich seines eigenen Glücks zu entledigen, kann eine durchaus schlechte Angewohnheit sein und auch besonders knifflig, denn oftmals erkennt man selbst nicht, was man da tut. Man stellt sich selbst glücklicher, zufriedener vor, jedoch befindet sich dieser Zeitpunkt irgendwo in der Zukunft. All die Facetten des Lebens stecken fest zwischen dir und deinem Endziel glücklich zu sein. All diese Dinge musst du aus der Welt räumen, so dass das Glück nicht mehr allzu weit in der Ferne liegt. Das lustige an das ganzen Sache ist: Sobald du dich von diesen Hindernissen befreit hast, erscheinen immer weitere.

Du wirst vielleicht frustriert und wütend auf diese Hindernisse sein. Vielleicht sagst du dir auch Dinge wie: „Wenn die Kinder nur ausziehen würden, dann hätte ich mehr Zeit glücklich zu sein“ oder „Sobald ich meine Gehaltserhöhung bekomme, werden sich die Dinge besser entwickeln“ oder gar „Wenn ich jemanden Besonderen kennenlerne, kann ich endlich wieder damit beginnen, mein Leben zu leben“.

Du hast es verdient, glücklich zu sein und zwar auch genau jetzt.

Es ist nun wirklich nicht nötig, darauf zu warten, bis man reicher/schöner/erfolgreicher ist, um glücklicher zu sein, denn dies sind alles

Torpfosten, die sich immer weiter bewegen. Andernfalls wirst du dich noch am Sterbebett wiederfinden und denken „sobald ich im Himmel angekommen bin, wird wieder alles gut!“

Genau in diesem Moment bewohnst du einen Zeitpunkt, der das Potential aufweist, perfekt zu sein. Für einige Menschen ist diese Vorstellung wirklich furchteinflößend. Wir geben es vor uns selbst nicht zu, doch sein Glück einfach außerhalb der Reichweite zu stellen, ist eine Form der Selbstsabotage, eine Möglichkeit um sein Engagement in das eigene Glück vermeiden zu können. Es ist wirklich viel einfacher zu sagen: „Ja, glücklich sein klingt toll, aber.......später.“

Ist dies etwas, das du in dir selbst erkennst, kann es wirklich ernüchternd sein, es sich selbst einzugestehen. Achte auf Sätze, die mit „Wenn nur“ oder „Sobald“ beginnen. Dies sind alles Hinweise dafür, dass du dir unterbewusst die Aussichten auf Glück außer Reichweite setzt.

Es ist wirklich eine gute Idee, sich selbst zu fragen, warum man selbst das Gefühl hat, kein Glück verdient zu haben?

Heutige Übung

Entspanne dich und achte dabei darauf, ob du einige dieser Möglichkeiten ausgraben kannst, die dich unterbewusst von einem glücklicheren, erfüllteren Leben abhalten.

****

Tag Drei – Das glückliche Gehirn

Beginnen wir den dritten Tag mit etwas Wissenschaft. Obwohl wir täglich neue Entdeckungen machen, haben Neurologen und Psychiater ein differenziertes Verständnis davon, wie bestimmte Chemikalien im Gehirn, sich auf bestimmte emotionale Zustände abbilden lassen. Aus diesem Grund ist das Innere des Gehirns ein guter Start, um das Gefühl von Glück zu steigern.

Beginnen wir mit Dopamin, einem der bekanntesten Belohnungsmoleküle, welches das Gehirn mit Freude erfüllt. Hat man nicht genug Dopamin, leidet man an einem Mangel an Motivation, Zögern, Hemmung und möglicherweise sogar ausgewachsenen, klinischen Depressionen. Es ist möglich, die natürliche Fähigkeit deines Körpers glücklich zu sein zu verbessern und sich selbst zahlreiche Möglichkeiten für Belohnungen zu verschaffen.

Ich finde es am Besten, seine Aufgaben in kleine Ziele zu unterteilen, so dass man bei jedem erreichten Schritt das Gefühl von Erfüllung erhält. Lobe dich selbst häufig für die Ziele, die bereits erreicht wurden und übe dich darin, dankbar dafür zu sein, dass du dich an all die angenehmen Dinge erinnern kannst, die bereits in deinem Leben vorzufinden sind. Fordere dich selbst heraus und du wirst einen Ansturm von Dopamin erleben, sobald du deine Herausforderung bewältigt hast. Also etwas Neues und Aufregendes, eine neue Fertigkeit erlernen oder ein neues Gefühl zu erleben.

Als Nächstes gibt es das Oxytocin, passenderweise auch als das Kuschelhormon bezeichnet, denn es ist tatsächlich ungefähr so schön, wie es sich anhört. Als Menschen verstehen wir instinktiv, wie viel Intimität es wert ist und es ist diese körperliche Nähe, die unser Gehirn dazu veranlasst, ein solches Verhalten zu belohnen, indem unser Gehirn mit Oxytocin überflutet wird.

Nachdem eine Mutter ihr Kind geboren hat, erhält ihr Körper einen Schub an Oxytocin, der den Bindungsprozess fördert und das gleiche Gefühl wird auch empfunden, wenn wir uns verlieben. Um sicherzustellen, dass du über genügend Oxytocin im Leben verfügst, ist eine einfache Aufgabe, einfach viel kuscheln! Verbringe Zeit mit deinen Lieben, knüpfe Kontakte, flirte und kuschle mit deinem Partner. Streichle dein Haustier, damit tust du auch diesem einen Gefallen. Versuche einen Weg für mehr Hautkontakt, Nähe und Entgegenkommen zu finden.

Serotonin ist ein weiterer Neurotransmitter, der eine ziemlich komplizierte Rolle bei der Regulierung von Glücksgefühlen spielt. Vertrauen, gute Stimmung und Wohlbefinden entstehen bei einer gesunden Serotoninkonzentration. Du kannst deinen Serotoninspiegel verbessern, indem du positive und ermunternde Selbstgespräche führst.

Endorphine werden oftmals mit Bewegung und Training in Zusammenhang gebracht. Dies erklärt sich dadurch, dass sie vom Körper freigesetzt werden, um Schmerzen und Beschwerden zu bekämpfen. Indem man sich körperlich ertüchtigt, erkennt man recht schnell, dass Endorphine vorhanden sind, denn man spürt den Nervenkitzel des Erfolgs.

Leider gibt es nicht nur gute Nachrichten, denn in Wirklichkeit gibt es auch negative Neurotransmitter und Hormonen. Das Hormon Adrenalin ist verantwortlich dafür, den Körper in Aktion zu bringen und vorzubereiten, um Stress besser wegstecken zu können. Liegt der Stresspegel allerdings konstant auf einem zu hohen Wert, kann der Körper zu viel Adrenalin ausschütten, was zu Erschöpfung und Müdigkeit führt. Cortisol ist ein weiteres Stresshormon und befindet sich der Pegel dieses Hormons dauerhaft auf einem zu hohen Wert, kann das Immunsystem untergraben und deine Stimmung schlechter werden.

Auf das Gehirn zu achten, unterscheidet sich nicht sonderlich davon, auf seinen Körper zu achten. Ein gut genährtes und entspanntes Gehirn, hat es viel einfacher, glücklich sein zu können.

Heutige Übung

Stelle sicher, dass du deinem Gehirn die richtige physiologische Unterstützung bietest, die es benötigt, um glücklich zu sein. Stelle sicher, dass du gut schläfst, halte Stress auf einem Minimum, achte auf eine ausgewogene und gesunde Ernährung und du wirst sehen, dass es nicht einmal so schwer ist, die Glückshormone täglich zu erhöhen.

****

Tag Vier – Erkenne dich selbst

Was macht dich glücklich? Dies scheint eine solch einfache Frage zu sein. Das Leben kann so voller Erwartungen, Verpflichtungen, Regeln und Vorschriften sein, dass man regelrecht schockiert ist, wenn man anhält und sich die Frage stellt: „Macht mich das alles hier gerade wirklich glücklich?"

Es gibt zahlreiche Modemagazine, die einem zu Yoga raten oder behaupten, ein kleiner Spaziergang am Strand würde glücklicher machen. Diese Dinge können bestimmt bei einigen Menschen ihre Wirkung zeigen, doch machen sie auch dich glücklich?

Die heutige Aufgabe ist wirklich einfach. Wenn du glücklicher sein möchtest, ist es auch sinnvoll, mehr Dinge in dein Leben zu lassen, die dich glücklich machen und weniger der Dinge, die es eben nicht tun. Hol dir Laptop oder ein Stück Papier und fertige eine Liste all der Dinge an, die deine Stimmung verbessern.

Achte beim Erstellern dieser Liste darauf, wirklich nur die Dinge zu wählen, die dich glücklich machen und nicht die Dinge, die „angeblich" glücklich machen sollen. Wenn das Stricken von Schals oder peinliche Auftritte im Fernsehen zu sehen dich glücklich macht, schreib es auf. Drehe nun die Liste um und schreibe auf dieser Seite die Dinge auf, die deine Energie rauben. Dies kann beispielsweise verschwendete Zeit auf Facebook sein, sich über sein Gewicht zu ärgern, sich immer wieder sinnlos herausreden zu wollen usw.

Denke nun darüber nach, ob du bestimmte Änderungen in Angriff nehmen kannst, um mehr der Dinge in dein Leben zu lassen, die dir Freude bereiten und weniger von den Dingen, die es nicht tun?

Heutige Übung

Folge den Anweisungen für den heutigen Tag und erstelle deine eigenen Listen. Schmiede dir dann Pläne, wie du diese Änderungen in deinem Leben vornehmen kannst.

****

Tag Fünf – Auswirkungen des Klagens

Es gibt zahlreiche Möglichkeiten, sich selbst die Freude am Leben zu nehmen, undankbar zu werden, den Geisteszustand von sich selbst und den Menschen um einen herum, zu vergiften. Eine der wirkungsvollsten Methoden, ist das Klagen.

Ich höre dich denken, sich zu beschweren tut doch keinem was, ich baue dadurch lediglich Frust ab. Es ist wahr, ab und an zu klagen ist nun wirklich nicht schlimm, aber jeden Tag zu klagen? Wenn es zur Gewohnheit wird, sich andauernd nur zu beklagen, dann bewirkt dies doch etwas und das gefährliche an der Sache ist, dass man die Auswirkungen nicht sofort erkennt.

Wenn du dich beklagst, übermittelst du anderen eine klare Botschaft, vor allem aber dir selbst. Du sagst dir: „Das ist nicht gut genug, das ist falsch." Tust du dies, siehst du nicht nur der Realität ins Auge und wehrst diese von dir, sondern du übermittelst dir eine noch viel subtilere Nachricht, die noch mehr Schaden anrichten kann. Du sagst dir selbst, dass das Leben Müll ist und dass nichts dagegen getan werden kann.

In dem Moment, an dem man klagt, verschließt man sich vor jedem möglichen Lösungsansatz, neuer Perspektiven und oder dem Humor. Du sagst dir einfach nur, dass du vom Leben nicht sonderlich beeindruckt bist und dass du wirklich nicht gewillt bist, auch nur das Geringste dagegen zu unternehmen.

Sich zu beklagen kann nicht nur einen selbst herunterziehen, sondern auch die Menschen um einen herum in einen solchen Geisteszustand versetzen. Die Leute denken sich Dinge wie „Diesem Menschen kann man es nicht recht machen" und ohne es zu realisieren, hören sie auch auf, es überhaupt erst zu versuchen.

Heutige Übung

Bringe den ganzen Tag hinter dich, ohne dich zu beklagen! Mach doch ein Spiel daraus und bitte deine Freunde, dir bei deinem Vorhaben zu helfen, indem sie das Selbe versuchen. Erwischst du dich dabei, dich gerade beklagen zu wollen, stelle dich der Herausforderung, indem du dich mit folgenden Fragen befasst:

- Ist es wirklich so schlimm oder sehe ich die Dinge doch etwas zu eng?
- Was kann ich beitragen, um die Situation zu verbessern?
- Hat die Situation auch ihre positiven Seiten, die ich derzeit einfach noch nicht erkennen kann?

Wenn du diese Denkweise zur Gewohnheit werden lässt, wirst du schon bald ein Gefühl dafür bekommen, wie giftig das Jammern und Klagen doch sein kann.

****

Tag Sechs – die Kraft der Dankbarkeit

Dankbarkeit ist in vielerlei Hinsicht das Gegenteil des Klagens. Beklagt man sich, befindet sich der Geist in einem Zustand des Mangels, fokussiert auf das, was man nicht hat. Ein per Definition negativer Geisteszustand. Je mehr man sich beklagt, desto mehr wird man auch davon überzeugt, dass die Welt ein schrecklicher und enttäuschender Ort ist. Dann schafft man es sogar, sich noch mehr zu beklagen.

Bist du andererseits dankbar, verhalten sich die Dinge anders. Dein Geist fokussiert sich auf Güte, Positivität und das, was du hast und nicht das, was du nicht hast. Bist du offen für all die guten Dinge des Lebens, ist das Seltsame dabei, dass man immer mehr und mehr gute Dinge erkennt und sich noch weniger beklagt.

Ich verstehe, dass Dankbarkeit für die Fülle des Lebens sich zunächst wie völliger Schwachsinn anhört, jedoch wirkt sich regelmäßige Dankbarkeit sowohl auf das eigene Leben, als auch auf das Wohlbefinden aus. Eine von der University of Berkeley durchgeführte Studie konnte bestätigen, dass Dankbarkeit die Aussichten auf dramatische Weise verändern können.

Wie kannst du dir das aber zu Nutze machen?

Ich habe für mich herausgefunden, dass ein Tagebuch für Dankbarkeiten die beste Wirkung bei mir erzielt und es ist zudem eine einfache und unterhaltsame Übung, die Aufmerksamkeit auf die Dinge des Lebens zu lenken, die wirklich wichtig sind. All die schönen, aufregenden und wunderbaren Dinge, die einen täglich umgeben und die man vielleicht schon gar nicht mehr zu schätzen weiß.

Heutige Übung

Die heutige Übung ist es, ein Tagebuch der Dankbarkeiten anzulegen oder dir eine Liste zu erstellen, in der du jeden Tag notierst, für welche Dinge du dankbar bist. Ich notiere mir jeden morgen fünf Dinge, für die ich dankbar bin. Manchmal handelt es sich um große Dinge, wie die Dankbarkeit für den liebevollen Partner, meine Familie oder für Chancen, die mir im Leben gegeben wurden. Andere Male sind es eher die kleinen Dinge des Lebens, wie die strahlende Sonne oder mein Lieblingsessen zu Mittag, die ich mir notiere. Versuche es einfach selbst und du wirst erstaunt darüber sein, wie du deine Stimmung zum Positiven verändern kannst, indem du dich einfach mit den guten Seiten des Lebens beschäftigst.

Um dir etwas zu helfen, wirf einfach einen Blick auf meine Liste und die Dinge, für die ich heute und jetzt dankbar bin:

- Mein Körper. Kann ich ihn bewegen, singen, tanzen, laufen und lieben?
- Die Menschen in meinem Leben, die ich liebe und die mich lieben
- Meine Lieblingsmusik, sowie Dinge und Menschen, die mich inspirieren

- Die Annehmlichkeiten wie ein warmes Bett, den Klang der Vögel, frische Luft usw.

- Sei dankbar dafür, wie weit du es gebracht hast und sei dankbar für all die Fähigkeiten, die du selbst erlernt und erworben hast

- Sei dankbar für das Leben, das dir bevorsteht, ganz egal, was in der Vergangenheit passiert sein mag

- Sei dankbar dafür, in unserer modernen Welt mit der neuesten Technologie zu leben, durch welche wir die Möglichkeit haben, ein reiches Leben zu leben

- Unabhängig davon, was heute geschehen ist, es gibt immer die Chance, dass sich morgen wieder alles zum Guten wendet, was eine große Sache ist, für die man dankbar sein sollte

****

Tag Sieben – Liebe dich selbst, du bist die Nummer 1

Zugegeben, es mag kitschig klingen zu sagen, liebe dich selbst und etwas großkotzig, sich selbst als die Nummer Eins zu betiteln, doch es ist wahr.

Der Großteil der Menschen wird alles für seine Kinder, den Ehepartner und seine besten Freunde tun, doch schaffen sie es häufig nicht die Mühe aufzubringen, sich selbst hin und wieder bei ihrem Arzt blicken zu lassen oder sich selbst etwas Gutes zu tun. Ein ungesunder Körper, gleicht einem ungesunden Geist. Es ist dein Körper und es liegt in deiner Verantwortung sicherzustellen, dich auch um ihn zu kümmern.

Denke heute darüber nach, was du jeden Tag für dein Wohlbefinden tust. Es gibt natürlich eine Vielzahl von Dingen in deinem täglichen Leben, die dir einiges abverlangen, doch hast du auch genügend Dinge, um dies ausgleichen zu können? Hältst du deinen Körper und dich selbst auch wirklich jeden einzelnen Tag in Form?

Es ist gängige Praxis, die eigene Gesundheit zu vernachlässigen, sich selbst über die eigenen Grenzen hinaus zu belasten, nicht ausreichend zu schlafen, sich zu sehr nerven zu lassen und sich ungesund zu ernähren. Dein Körper gibt alles, dich zu unterstützen und kann lange Zeit in Stille leiden, doch wenn er einmal krank ist, musst du dir eingestehen, dass es nicht einfach nur Pech war und es keinen Grund dafür gibt, den eigenen Körper zu beschuldigen oder gar zu hassen.

Selbsterhaltung ist kein optionales Extra im Leben und es geht dabei auch nicht um Eitelkeit. Ein gut gepflegter und in Form gehaltener Körper wird sehr lange halten und stets dabei helfen, seinen Besitzer vor Krankheiten und Verletzungen zu bewahren, so dass dieser glücklich sein und alle Dinge die er tun möchte, auch wirklich tun kann. Die Aufrechterhaltung von Gesundheit und Wellness bedeutet zudem, dass du dir auf lange Sicht gesehen Geld, Zeit und Ärger sparst. Es macht Sinn, denn die Aufrechterhaltung seines eigenen Körpers ist grundsätzlich eine weise Entscheidung.

Heutige Übung

Denke an drei Dinge, die du sofort tun kannst, um deinen Körper zu erhalten und zu pflegen.

Um dir dabei zu helfen, wirf einfach einen Blick auf meine Liste:

- Reserviere dir Zeit für einen langen, erholsamen Schlaf. Entferne alle Ablenkungen, stelle sicher, dass das Bett auch bequem und das Zimmer dunkel und ruhig ist und sorge dafür, morgens auf natürliche Weise aufzuwachen (kein Wecker!).
- Kauf dir tolles und gesundes Essen, denn du bist es wert
- Mach einen Spaziergang, um den Kopf freizubekommen und Stress abzubauen. Triff dich mit Freunden auf einen kleinen Plausch

- Verbringe eine gute Zeit mit jemandem, den du schon lange nicht mehr gesehen hast. Spiele mit den Kindern, genieße ein romantisches Dinner mit dem Partner/der Partnerin und überstürze dabei Nichts. Genieße einfach den Moment.

Ich bin sicher, du hast das Prinzip verstanden.

****

Kapitel 2 – Schon fast am Ziel, mach weiter

Nun, da die zweite Woche anbricht, wirf einen Blick zurück auf das, was du bisher gelernt hast.

Tag Acht – Zeit zum Nachdenken

Es ist nur allzu einfach, Dinge zu lesen und zu wissen. Jemand sagt einem: „Du solltest besser auf dich achten“ und du denkst dir „ja, ich weiß. Das sollte ich“, doch die Wahrheit ist, dass sich Nichts ändern wird. Warum? Die Antwort ist, dass zu wissen nicht das Gleiche ist, als etwas zu erfahren.

Wenn du bisher alles gelesen hast ohne dich an den schriftlichen Übungen zu versuchen oder dein Versuch eher halbherziger Natur war, voller Absicht zu versagen, bevor du überhaupt beginnst, ist zu vermuten, dass deine Ergebnisse nicht wirklich beeindruckend ausfallen.

Wenn du dich allerdings aktiv an den Übungen versucht hast und den Fragen mit Neugier, Offenheit und Ehrlichkeit begegnet bist, hast du wahrscheinlich ein paar interessante Änderungen bemerkt.

Von alldem, was wir bislang behandelt haben, ist Nichts neu oder ungewöhnlich, doch wenn Du Neuem mit der richtigen Einstellung begegnest, wirst du bemerken, dass auch neue Dinge passieren können. Der Pfad, den du von nun an gehen wirst, wird sich von den anderen unterscheiden. Wenn du zuvor bereits viel emotionale Arbeit abgeschlossen hast, hat dir vergangene Woche vielleicht dabei geholfen, dir die Prinzipien wieder ins Gedächtnis zu rufen und eventuell einen Hinweis erhalten, wie und warum du deine Ziele nicht erreichten konntest.

Heutige Übung

Berücksichtigst du die Fortschritte, die du letzte Woche gemacht hast, stelle dir folgende Fragen:

- Welche Gewohnheiten, Denkmuster oder alte Zyklen konntest du an dir selbst bemerken, die dir keine Hilfe sind oder dir den Weg zu etwas Besserem versperren?

- Liebst du dich selbst? Also nicht im Sinne von dir einen Schokoriegel zu kaufen oder in Kur zu gehen, sondern viel mehr in dem Sinne, ob du wirklich glaubst, ein guter und liebenswerter Mensch zu sein?

- Welche neuen Gewohnheiten und Lifestyle-Entscheidungen würdest du gerne in deinem neuen Alltag einführen?

- Was machst du jeden Tag, um dein Glück zu unterstützen? Und was tust du, das deinen eigenen Sinn von Frieden unterstreicht?

- Wenn dein innerer Dialog und deine Gedanken im Radio ausgestrahlt würden, um was für eine Art von Radiosendung würde es sich dabei handeln?

****

Tag Neun – Die Dinge nicht persönlich nehmen

Es gibt ein komplexes, psychologisches Konzept, welches auch als „Kontrollüberzeugung“ bezeichnet wird und bei dem nach intern und extern unterschieden wird. Ist deine Kontrollüberzeugung externer Natur, schreibst du Ereignisse anderen Menschen zu, während bei einer internen Kontrollüberzeugung gegenteiliges der Fall ist und du denkst dir, alles was in deinem Leben geschieht, wegen dir und dem was du tust geschieht.

Bei einigen Ereignissen im Leben, ist das Glück entscheiden, die Dinge liegen außerhalb deiner Kontrolle oder diese liegt in den Händen anderer Menschen. Jedoch gibt es auch andere Ereignisse, die ganz bestimmt dein eigenes Werk sind. Zu verstehen und zu sehen, was der Unterschied ist, bedarf Mut und Reife. Dennoch neigen die Menschen zur Depression, Ängsten oder allgemeiner Unzufriedenheit im Leben, wodurch diese Menschen eine interne Kontrollüberzeugung teilen.

Es ist eine große Herausforderung, die Verantwortung für all die Dinge zu übernehmen, die du tust. Keine wirkliche Herausforderung ist es, die Verantwortung für Dinge zu übernehmen, die einfach Nichts mit dir zu tun haben. Stell dir beispielsweise vor, dass du in den Supermarkt gehst und die Dame an der Kasse unhöflich zu dir ist und dich ignoriert, als du sie ansprichst. Du bist etwas verstimmt und schließlich fragst du dich, was du eigentlich getan hast?

Die Chance stehen gut, dass du nichts falsch gemacht hast und wenn es um das Verhalten anderer geht, wissen wir oftmals viel weniger, als wir es glauben. Im Beispiel des Supermarktes ist die wahrscheinlichste Erklärung, dass die Kassiererin einfach einen schlechten Tag hatte oder abgelenkt war, als du gerade an der Reihe warst. Letztendlich hätte es keinen Sinn, sich ins Auto zu setzen und sich die gesamte Fahrt nach Hause darüber den Kopf zu zerbrechen, was man wohl falsches getan hat und sich soweit in die Sache hineinzusteigern, dass man die Ansicht bekommt, dass die ganze Welt vor die Hunde geht, die Menschen immer respektloser werden und du dich selbst wie ein Fußabtreter fühlst.

Die Chancen stehen auch hier gut, dass dich diese Irritationen den gesamten Tag über belasten, obwohl es eigentlich nichts mit dir zu tun hatte. Hättest du die Kassiererin darauf angesprochen, wärst du vielleicht überrascht gewesen, denn am nächsten Tag, hätte sie dich mit hoher Wahrscheinlichkeit überhaupt nicht mehr erkannt, geschweige denn zugegeben, dich schlecht behandelt zu haben.

Wenn du dich dabei ertappst zu versuchen, die Emotionen anderer zu erraten, halte einen Moment inne und achte genau darauf, welche Informationen dir wirklich zur Verfügung stehen. Geht es wirklich um dich? Interpretierst du die Situation wirklich richtig? Betrachte die Situation auf verschiedene Art und Weisen und achte darauf, ob sich dabei irgendetwas ändert. Sei großzügig und gestehe dir ein, dass die Leute manchmal eben unhöflich zueinander sind und dies oftmals auch unbegründet ist.

Bei Komplimenten gilt genau das gleiche Prinzip. Verhält sich jemand dir gegenüber besonders freundlich, ist das toll. Geh aber nicht davon aus, dass dies auch wirklich wegen dir ist. Würdest du dein Selbstwertgefühl dadurch validieren, wie viele Leute dir Komplimente machen, erlaubst du anderen zu entscheiden, wie du dich fühlst. Letztendlich ist ein Kompliment lediglich eine Reflexion dessen, wie andere dich sehen, wobei dies richtig oder nicht richtig sein kann. Nur du selbst kannst dies beurteilen.

Hast du ein solides Selbstkonzept, kannst dich selbst lieben und handhabst die Meinungen anderer nach deinen Prinzipien, ist es gleich viel unwichtiger, ob die Resonanz positiv oder negativ war.

Heutige Übung

Ist dir jemand in letzter Zeit besonders auf die Nerven gegangen oder hast du noch einen Konflikt mit jemandem zu lösen, frage dich selbst, wie viel davon wirklich mit dir zu tun hat und ob du die Sache näher an dich heranlässt, als es eigentlich sein müsste.

****

Tag Zehn – Die Umgebung um dich herum

Wir haben uns bereits damit befasst, inwiefern ein gesunder Körper es einfacher macht, auch einen gesunden Geist zu haben und das Gleiche gilt auch für deine unmittelbare Umgebung. Es ist wirklich schwierig, einen gesunden und glücklichen Geist zu haben, wenn die Umgebung schmutzig und chaotisch ist oder dir ständig Steine in den Weg gelegt werden.

Es ist viel einfacher, sich auf die Sauberkeit eines Bereiches oder wie organisiert dieser ist, zu konzentrieren. Aber ist das wirklich alles? Wie glücklich macht dich dein Bereich tatsächlich? Hilft er dir dabei, auf positive Gedanken zu kommen oder bewirkt er gar das Gegenteil? Es ist immer eine gute Idee, all den Krempel zu entrümpeln, aufzuräumen und den Bereich gepflegt und auf Vordermann zu halten. Dies gilt nicht nur für zu Hause, sondern auch für den Arbeitsplatz.

Heute werfen wir einen Blick darauf, wie unterstützend ein Umfeld sein kann.

Wirf einen Blick auf dein aktuelles Umfeld. Welches Gefühl vermittelt es dir? Gelangweilt? Irritiert? Friedlich und sicher? Lässt es gar leichte Panik in dir aufsteigen? Ist es dir gleichgültig?

Vielleicht ist es der Haufen Unordnung, an dem du jeden Tag vorbeilaufen musst und der dich beim alleinigen Betrachten nach unten zieht. Vielleicht ist es aber auch die Farbe der Wand, die dich deprimiert. Es könnte auch sein, dass du mehr Pflanzen oder natürliches Sonnenlicht brauchst, damit dein Raum einladender und gemütlicher wird.

Negativität kann die verschiedensten Formen annehmen, wobei einige weniger erwartet werden als andere, wie z.B:

- Ein unbequemer Stuhl, der dich leicht nervt und dich zu einer unbequemen Haltung zwingt
- Abgebrochene Tassen oder Teller, die dich unglücklich machen
- Unfertige oder kalte, dunkle Bereiche im Haus
- Unordnung, Berge von Kleidern, eingestaubte Bücher und „Dinge“. All dies kann zu mentalen Belastungen und Schmutz führen.
- Im Radio und TV wird dir laufend gezeigt, was für ein schrecklicher Ort die Welt doch ist. Willst du so etwas wirklich sehen/ hören?
- Gibt es Dinge in deinem Leben, an die du aus einem Gefühl von Schuld hältst?
- Liegt dein Haus in einer unsicheren Gegend oder einer Gegend, in der du dich nicht wirklich wohl fühlst?

Bevor du nun bestätigst, dass mit deiner aktuellen Umgebung alles in Ordnung ist, schau noch an einem anderen Ort nach, an dem sich Negativität breit machen kann: Dein Computer. Ätzende und zeitraubende Online-Gewohnheiten können sich langsam anhäufen und ob du es glaubst oder nicht, es kann unglaublich schwierig sein, solche Verhaltensmuster unter Kontrolle zu bekommen. Verfällst du auch manchmal in Lesehass?

Du loggst dich in Facebook ein und in dir bekommst du einen regelrechten Hass auf die Leute, die ihre Bilder von Urlaub, ihren Kindern, ihre dummen Probleme oder Motivationsschreiben veröffentlichen? Danach schaust du bei Twitter vorbei und bekommst das Ende einer Diskussion von zwei Leuten mit, denen du folgst. Dir ist im Prinzip egal, um was es geht, du liest dir trotzdem das ganze Zeug durch.

Danach schaust du bei ein paar der üblichen Webseiten vorbei, die du regelmäßig besuchst, obwohl die meisten davon eigentlich nicht wirklich Spaß machen zu lesen. Sie machen dich eher wütend oder du gibst ebenfalls deinen Senf zu Kommentaren über einen Artikel ab, der dir im Prinzip völlig Schnuppe war, bis du die Überschrift gelesen hast. Du liest das Ding durch und denkst dir die ganze Zeit, wie sehr dich das nervt, was du da tust und dennoch tust du es weiterhin. Lesehass ist ganz offensichtlich Gift.

Heutige Übung

Solltest du dich beim Lesehass erwischen, male dir aus, was du anders machen könntest, um diese Zeit sinnvoller zu nutzen. Vielleicht könntest du etwas lesen, das dich inspiriert oder weiterbildet? Falls nicht, stell dir wenigstens die Frage, ob du nicht mit dem Surfen aufhören solltest?

Vielleicht kann ich dir bei diesem Punkt ebenfalls etwas helfen. Vor einer Weile habe ich mir eine App installiert, die Webseiten blockiert, die mich nerven. Das was eine wirklich gute Entscheidung.

****

Tag Elf – Vergebung

Vergebung ist eines der Themen, von dem jeder denkt, dass alles schön und recht ist, doch wirklich in die Tat umzusetzen, wenn es darauf ankommt, völlig unmöglich zu sein scheint. Es stimmt, was gesagt wird, Groll auf andere zu haben ist ungefähr wie Gift zu schlucken und zu hoffen, dass die anderen daran sterben. Dies ist nicht nur Zeitverschwendung, sondern auch regelrechte Verschwendung an Kraft und Energie. Leichter gesagt als getan, nicht wahr?

Tief im Herzen der fehlenden Bereitschaft, anderen zu vergeben, stecken einige Annahmen, die bei genauerer Betrachtung nicht wirklich tragbar sind. Die Schlussfolgerung, dass jemand einen absichtlich verletzt hat, erweist sich oftmals als falsch. Wütend auf jemanden zu sein und es abzulehnen, deren Fehler zu vergeben, übermittelt gleich mehrere Dinge. Es vermittelt deinem Unterbewusstsein, dass dein Seelenfrieden von jemand anderem abhängig ist und du völlig machtlos bist, etwas dagegen zu tun.

Es übermittelt zudem, dass wenn sich im Leben ein Problem anbahnt, dies auch immer ein wirkliches Problem ist. Nicht gewillt zu sein, anderen zu vergeben, bedeutet ironischerweise nichts anderes, als sich vor der Lösung zu verschließen, die dazu beitragen könnte, die Wunden zu heilen und wieder fortzufahren. Verschließt du dich und verweigerst Vergebung, raubst du sowohl dir selbst als auch der anderen Person die Chance, sich zu verbessern und aus der Situation zu lernen.

Nicht bereit zu sein, anderen zu vergeben, ist oftmals auch ein Zeichen dafür, sich selbst nicht vergeben zu wollen. Einen Groll zu halten, lässt die Welt falsch aussehen. Es ist eine Last zu tragen und oftmals reflektiert die Negativität irgendwann auf einen selbst zurück.

Wir haben alle unsere Grenzen und gelegentlich werden diese Grenzen überschritten. Es könnte doch sein, dass der Täter dies nicht einmal bemerkt hat oder sich einfach nicht darüber im Klaren ist, was er getan hat. Was dann? Ich möchte dir jetzt nicht das Konzept nahelegen, wie toll es doch ist, auch „die andere Wange hinzuhalten“ und den Täter so sanftmütig zu behandeln, als wäre Nichts geschehen. Entrüstung und Wut können mächtige Werkzeuge sein, durch welche sichergestellt werden kann, dass deine Grenzen auch wirklich respektiert werden.

Schlechte Dinge passieren im Leben und Vergebung scheint eines der Themen zu sein, mit denen du dich am wenigsten befasst. Es kann sich bezahlt machen, folgendermaßen zu denken: Du musstest bereits durch die Hände eines anderen Menschen leiden. Leide nicht auch noch durch deine eigenen Hände, indem du den Schmerz länger in dir hältst, als es sein muss. Lerne die Lektion von dem, was geschehen ist und blicke nach vorne.

Zeitgleich ist es wichtig, sich bewusst zu machen, dass Vergebung nicht für diese Menschen ist, sondern in erster Linie für dich selbst. Versuche zu verstehen, woher du kommst, sei geduldig und begegne deiner Wut mit Verständnis, öffne dich jedoch für ein Gespräch um zu sehen, ob Missverständnisse aus der Welt geräumt werden können.

<u>Heutige Übung</u>

Bring all den Groll, sowie den Widerwillen heraus und prüfe, ob du nicht loslassen kannst.

****

<u>Tag Zwölf – Zeit zum Spielen!</u>

Vor einiger Zeit hatte ich ein Gespräch mit einer Freundin und sie beschrieb die Jahre der Depression, die sie hinter sich gelassen hat und wie sie endlich den Ausstieg fand. Mit einem erstaunten Gesichtsausdruck sagte sie mir, dass sie sich zuletzt so glücklich fühlte, als sie gerade mal 6 Jahre alt war.

Traurig, oder? Sie wollte aber auf etwas hinaus: Wenn es um das Thema Glück geht, dienen Kinder als bestes Beispiel. Sie leben den Moment, sie drücken sich und ihre Wünsche frei aus, sie lieben aus ganzem Herzen und ziehen mit einer Energie und Vitalität durchs Leben, wie sie Erwachsene lediglich Sportler aufweisen.

Du warst selbst einmal ein Kind und hast diese einfache und direkte Freude selbst erfahren. Eine gute Möglichkeit, das Glück in deinem Leben zu pflegen ist, in Kontakt mit dem inneren Kind zu kommen, lachen, entdecken, Spaß haben, zu Spielen, die Dinge nicht allzu ernst betrachten und auch mal ein wenig frech sein. Als du noch jung warst, erschien die Welt noch wie ein enormer, endlos faszinierender Spielplatz. Nach Jahren von Enttäuschungen und Verpflichtungen, wurde dieser Geist etwas zermürbt, doch er steckt immer noch in dir!

Heute machst du das, was immer du auch tun möchtest. Die Welt ist immer noch so interessant und macht genau so viel Spaß, wie sie es als Kind war. Heute gibt es keine Aufgaben, nur spielen.

Hier ein paar Ideen:

- Spiele jemandem im Büro einen Streich
- Kauf dir eine Wasserrutsche für den Garten. Du darfst das, du bist erwachsen
- Spiel im Park mit deinen Freunden Frisbee
- Beschäftige dich mit Handwerk, Backen oder anderen Aktivitäten, denen du als Kind gerne nachgegangen bist
- Hab Spaß, lache über dich selbst und andere. Erzähl ein paar Witze und du wirst erstaunt sein, wie anders die Welt aus anderer Sichtweise aussieht.
- Singe, tanze, spring herum. Warum nicht?
- Geh planlos irgendwo hin. Hast du gerade Lust im Wald ein paar Blätter zu sammeln, mach das oder trage einen lustigen Hut. Hab einfach Spaß.

Heutige Übung

Versuche dich daran zu erinnern, wie du dich als Kind gefühlt hast und lass dieses Gefühl wieder aufleben. Schau deine alten Kinderfotos an, falls es welche gibt und erinnere dich daran, wie du als Kind warst. Was war damals besonders aufregend? Welche großen Träume hattest du? Was hindert dich eigentlich daran, diese Dinge heute auch öfters zu tun?

****

Tag Dreizehn – Ruhe in sich lassen

Wahrscheinlich kann ich nur wenig anrichten, wenn ich dich davon überzeugen will, welchen Wert die Meditation haben kann. Es wurde bereits viel darüber geschrieben, wie und warum man meditiert, doch gibt es auch noch viele andere und weniger formale Wege, Ruhe in sich zu lassen. Sind dein Geist und Herz voller Ruhe, kann dies sehr gut mit den Wellen an der Oberfläche eines Sees verglichen werden. Die Dinge laufen geschmeidig und wir können uns reflektieren.

Ein belebter, turbulenter und gefüllter Geist, hat keine Zeit eine Pause einzulegen und darüber nachzudenken, was tu ich eigentlich gerade? Warum? Was geht ab?

Vieles im Selbsthilfe-Bereich, dreht sich um das Erwerben bzw. Kaufen. Du findest Glück und lässt es in dein Leben. Du kaufst mehr Dinge, hältst an mehr Ideen, mehr Büchern, mehr Zeug. Selbst wenn du Abnehmen willst oder dein Leben besser organisieren möchtest, ermutigt man dich stets, dir spezielle Werkzeuge zu besorgen, die dir dabei helfen.

Glücklich zu sein, bedeutet aber auch Loslassen zu können. Es geht auch um Abwesenheit, Stille und Ruhe. Manche Dinge im Leben können nur gesehen werden, wenn der Rest des Geistes einen Schritt zurück tritt. Jede Religion auf der ganzen Welt erkennt die spirituelle und transzendente Natur der Leere, des Friedens.

Die Ironie dabei ist, dass wenn man sich zu sehr auf die grundlegende Idee fokussiert, wie Meditation aussehen sollte und wie diese am besten durchgeführt wird, bringt man seinen Geist vollständig auf eine falsche Fährte. Bei der Meditation geht es nicht um Leistungen, Streben oder Ziele. Aus diesem Grund möchte ich dir das Meditieren nicht nahelegen oder dir gar erzählen, wie man meditiert. Stattdessen lade ich dich ein, in deinem Leben kleine Bereiche der Stille zu öffnen, vor allem heute.

Es spielt keine Rolle, wo oder für wie lange, du dies tust. Mit einem kleinen Bereich ist ein Moment gemeint, in dem du bei vollem Bewusstsein in dich kehrst, still bist. Achte auf diesen Moment und lass ihn danach wieder gehen. Strebe nicht danach, werde dir einfach des Momentes bewusst. Vielleicht bemerkst du, dass sich in deinem Körper Stress angesammelt hat oder dass dir der Moment auf eine andere Art und Weise bewusst wird. Vielleicht berührt es dich, wie schön die Vögel wirklich sind, wenn sie um den Garten fliegen oder vielleicht erkennst du, dass du traurig bist und dich ein wenig um dich kümmern solltest.

Diese kleinen Momente eröffnen die Möglichkeit für tiefgründige Selbsterkenntnis und verschaffen dir eine reiche, nuancierte Kontrolle über den Stoff, aus dem deine Erfahrungen in dieser Welt gemacht sind. Das Gehirn zu trainieren, still und empfänglich zu sein, bereitet dich für positive, entspannte Emotionen vor. Du lernst dabei, den lebensbedrohlichen Stress von dir zu weisen und tust etwas, dass manchmal überraschend schwer fällt: Einfach nur sein.

Heutige Übung

Heute öffnest du einen kleinen Bereich der Stille und wiederhole dies an jedem folgenden Tag.

Tag Vierzehn – Gebe, was du erhalten willst

Das Glück ist eine paradoxe Angelegenheit, denn manchmal scheint es so, dass je mehr du nimmst, desto mehr du auch brauchst. Je mehr du von den Menschen um dich herum forderst, desto unzufriedener fühlst du dich. Ich kann nicht sagen warum, jedoch scheinen viele Menschen instinktiv die Wahrheit im Prinzip zu erkennen, dass man geben muss, um auch empfangen zu können.

Wenn du eine Sekunde lang deine eigenen, kleinen Wünsche ausblendest und für jemand anderen eine Quelle des Glücks wirst, passiert etwas wirklich interessantes. Du bestätigst deine Macht, Glück und Leben zu erzeugen, du bringst dich selbst in eine Position der Positivität und du machst buchstäblich positive Veränderungen in der Welt, in der du lebst.

Ich möchte noch etwas genauer auf den Begriff „Menschenliebe“ oder „Liebenswürdigkeit“ eingehen. Gehen wir davon aus, dass du freiwillig in einer großen, lauten Suppenküche der Kirche mithilfst und dir selbst gratulierst, dass du so warmherzig, so selbstlos bist. Du fühlst dich so warm und gut dabei, nun offiziell ein guter Mensch zu sein. Vielleicht hilft es deiner Gemeinschaft, vielleicht auch nicht, doch du fühlst dich einfach nur gut und wenn das nächste Mal jemand anderer Ansicht ist, denkst du im Hinterkopf, dass du der Bessere bist, da du so viel wohltätige Arbeit erledigst.

Vergleiche dies mit einem anderen Szenario. Dein Partner kommt völlig erschöpft von einem langen und anstrengenden Tag nach Hause. Du bist selbst völlig müde, er/sie verhält sich dir gegenüber unfreundlich, mürrisch und beschwert sich über jede Kleinigkeit. Da du diese Person liebst, entscheidest du dich ganz bewusst dafür nachzugeben, zu vergessen und zu verzeihen. Du ziehst los und besorgst euch beiden ein Bier und sagst noch, dass alles in Ordnung ist, da wir doch alle unsere schlechten Tage haben.

Beides sind Varianten der Begriffe „Menschenliebe“ und „Liebenswürdigkeit“, wobei das zweite Beispiel mit deutlich höherer Wahrscheinlichkeit die Menschen und die Welt um dich herum beeinflussen wird. Liebenswürdigkeit bedeutet nicht, sich zu fühlen, als würde man sich gut verhalten oder ein Gefühl der Überlegenheit und Rehabilitierung zu bekommen. Bei der Liebenswürdigkeit oder Menschenliebe gibt es kein Ego und manchmal sind die liebenswürdigen Dinge schwer zu bewerkstelligen und manchmal ist es das Schwerste auf der Welt, zu uns selbst liebenswürdig zu sein.

Liebenswert zu sein bedeutet auch, die Liebe und Freundlichkeit anderer empfangen zu können. Übe dich darin, auch zu anderen freundlich und warmherzig zu sein, wenn diese dir ihre Hilfe anbieten. Akzeptiere Komplimente ohne dich unwürdig zu fühlen. Interpretiere mehrdeutige Situationen positiv, statt immer das Schlechteste in den Menschen zu sehen.

Hab keine Angst, andere um Hilfe zu bitten, wenn du überfordert bist. Du wirst überrascht sein, wie bereitwillig die Menschen wirklich sein können, wenn man ihnen mit Freundlichkeit begegnet.

Heutige Übung

Halte die Augen offen für die Momente, in denen du freundlich und liebenswürdig sein kannst. Hörst du anderen zu, dann höre auch wirklich zu, ohne ständig ins Wort zu fallen und ohne für sie zu interpretieren und ihnen Ratschläge zu geben. Vergib kleinere Beleidigungen und rücksichtsloses Verhalten. Lass die Dinge nicht zu nah an dich heran kommen und sei unbeschwert und fröhlich. Sei gut zu jemandem, nicht weil derjenige es „verdient“, denn geht es um Nächstenliebe, gibt es grundsätzlich kein „verdienen“. Außerdem spielt es keine Rolle, denn Freundlichkeit ist nie verkehrt.

Kapitel 3 – Die Ziellinie in Sicht

Du hast also die ersten zwei Wochen der Herausforderung nach Glück erfolgreich hinter dich gebracht und es geht in die letzte Woche. Dieses Mal arbeiten wir daran, noch mehr zu reflektieren.

Tag Fünfzehn – Noch mehr reflektieren

Reflexion ist etwas großartiges, doch im Gegensatz zu letzter Woche, wirst du dieses Mal deine Fortschritte selbst prüfen und echte Ideen ausdenken, wie du in der jeweiligen Situation handeln solltest.

Protokollführung, Meditation und Denken sind alles ausgezeichnete Fähigkeiten, an denen man stets arbeiten kann. Das Glück ist allerdings keines der Dinge, an die man denkt, sondern etwas, das man tut.

Für einige Menschen kann es eine regelrechte Gefahr sein, sich in den eigenen Gedanken zu verlieren. Diese Leute reden und schreiben alles über das Glück, jedoch geben sie sich selbst niemals die Gelegenheit, das Ganze auch praktisch anzupacken. Viele der Selbsthilfe-Gurus werden höchstwahrscheinlich nicht mit meiner Aussage einverstanden sein, jedoch bin ich wirklich davon überzeugt, dass Denken allein noch nicht ausreicht, sondern es muss auch gehandelt werden.

Vielleicht entscheidest du dich, bei einem Kurs teilzunehmen oder bittest einen Freund um ein richtiges Gespräch über ein Thema zu führen, mit dem du deine Probleme hast. Vielleicht hast du die Entscheidung getroffen, eine Freundschaft zu beenden, die für dich keinen Mehrwert hat oder vielleicht beginnst du mal ein Gespräch mit jemandem, den du bisher immer nur aus der Ferne bewundert hast. Es könnte aber vielleicht auch mal wieder Zeit für einen Frühlingsputz, Zeit für eine Auszeit oder vielleicht brauchst du etwas Zeit, um deinen Lebenslauf zur Post zu bringen und dich auf die Suche nach einem besseren Job machst. Was auch immer es ist, das Problem zu identifizieren, ist erst die halbe Miete, die andere ist das Handeln.

Heutige Übung

Stell dir selbst die Frage, wie gut du dich bei deiner Zielsetzung, ein glücklicherer Mensch zu werden, schlägst. Wenn du das Gefühl hast, dass es immer noch Orte und Baustellen in deinem Leben gibt, die beendet werden müssen, wirf einen genaueren Blick darauf.

Entscheide dich dafür, dich von diesen innerlichen Widerstand zu befreien und diese Baustellen fertigzustellen.

****

Tag Sechzehn – Akzeptiere dich selbst

Denke an jemanden, den du bewunderst. Dies kann ein Prominenter oder sonstige Berühmtheit sein, die nach außen stets wirkt, als hätten sie alles unter Kontrolle. Stell dir dann die Frage, ob diese Person wirklich perfekt ist? Es spielt keine Rolle, wie reich oder berühmt jemand ist, die Chancen stehen gut, dass auch diese Leute Kritiker und Hasser haben. Wahrscheinlich ist ihnen irgendwann in der Vergangenheit einmal etwas schlimmes widerfahren. Auch hier stehen die Chancen gut, dass diese Leute auch Dinge an sich selbst hassen, wenn sie sich selbst im Spiegel betrachten.

Worauf ich hinaus will ist, dass du keineswegs perfekt sein musst, um in deinem Leben glücklich und erfolgreich zu sein. Es wird dich vielleicht überraschen, doch viele erfolgreiche Menschen haben ihre Fehler und Schwachstellen nie aus der Welt geschafft, sondern stattdessen gelernt, mit ihnen zu leben und teilweise sogar von ihnen zu profitieren. Denk einfach daran, wie ein Komiker seine/ihre Persönlichkeit akzeptiert, sogar Witze über sich selbst machen kann und dadurch treue Fans gewinnt, die seine/ihre Ehrlichkeit und Originalität lieben. Oder denk an das schöne Model, die vielleicht eine Zahnlücke oder ein seltsames Muttermal am Körper hat, beides Dinge, durch die man sich von der Masse abhebt.

Akzeptiere dich so, wie du bist und zwar genau jetzt in diesem Moment. Ich weiß, es ist ein großer Schritt. Wir haben uns bereits damit befasst, wie schädlich es sein kann, das eigene Glück aufzuschieben, doch wenn es um unser Aussehen, unsere Fehler und Erfolge im Leben geht, ist die Versuchung nur allzu groß zu denken, dass wir vielleicht gerade wegen diesen Dingen liebenswürdig sind.

Ich bin mir sicher, dass du verstehst, wovon ich rede: Jemand macht dir Komplimente, weil deine Diät sichtliche Erfolge zeigt und du sagst „Ja, ich habe noch einen langen Weg vor mir." Du wachst morgens auf, schaust in den Spiegel und denkst dir „Ich bin glücklich mit meinem Aussehen, solange ich nur ein wenig Mascara auftrage, das reicht völlig aus. Oh warte, ich brauch auch noch Lippenstift." Oder vielleicht schaust du dir deine Wohnung oder dein Haus an und denkst dir, was für ein toller Ort es doch ist, nur das kaputte Fensterbrett ist wirklich schade.

Die Schlussfolgerung wäre, dass Liebe nur für diejenige ist, die makellos und perfekt sind. Das ist aber nicht wahr!

<u>Heutige Übung</u>

Für heute stehen gleich mehrere Aufgaben auf dem Programm, wobei viele einfacher gesagt, als getan sind. Halte durch und du packst es:

- Hör auf damit, dich mit anderen zu vergleichen. Du weißt nichts über deren wirkliches Leben, was ohnehin keine Rolle spielt. Es ist kein Wettrennen und wenn es so wäre, würde jeder sein eigenes, individuelles Rennen betreiben.

- Sprich klar und deutlich und sag auch, was du auf dem Herzen hast. Hör auf damit, dich für dich selbst oder deine Meinung zu entschuldigen und sei stets offen und ehrlich.

- Hör damit auf, Schwachstellen immer sofort beheben zu wollen. Lerne zu sagen „ich weiß es nicht" oder gib es zu, wenn du Angst hast, dich verletzt oder unsicher fühlst. Gib zu, wenn du im Unrecht warst und zögere auch nicht damit, dich dafür zu entschuldigen.

- Drücke dich aus, ohne Angst davor zu haben, beurteilt zu werden. Drücke dich vollkommen frei aus.
- Finde die Dinge, die dich einzigartig machen, hör auf damit, diese zu verbergen, sondern verstärke sie stattdessen.

Tag Siebzehn – Die Komfortzone verlassen

Komfortzonen sind toll. Naja, in Wirklichkeit sind sie genau das, wie sie im Namen tragen, bequem eben. Bequemlichkeit kann jedoch auch gefährlich sein. Wenn du zu selbstgefällig wirst, in deiner eigenen, allzu sicheren Routine feststeckst, stirbt dein Ehrgeiz irgendwann ab. Wenn du immer wieder die gleichen Dinge tust, wird dies von deinem Gehirn mehr oder weniger auf gleiche Art und Weise betrachtet, wie es bei Depression der Fall ist.

Anders ausgedrückt, Menschen müssen raus, ihre Welten entdecken und Risiken eingehen, um glücklich zu sein. Wir sind alle mit verschiedenen Reizschwellen geboren und aufgewachsen, was wir als aufregend betrachten und was wir als erschreckend und riskant empfinden.

Dinge zu tun, die doch nie getan hast, ist eine schnelle und einfache Möglichkeit, dich selbst herauszufordern, mehr zu sein und mehr zu tun. Indem du neue Perspektiven öffnest, aktualisierst du die Art und Weise, wie du das Leben betrachtest und öffnest zeitgleich neue Wege für Glück. Du festigst und stärkst deinen Charakter und engagierst dich bei etwas, dass dich belebt und dein Herz zum Schlagen bringt.

Ich weiß, dass dies ein wirklich erschreckender Gedanken ist. Denk einfach dran, dass auch ich einmal an diesem Punkt gestanden bin.

Die meisten Dinge, die aufregend und spannend sind und dich an deine Grenzen bringen, sind vielleicht ziemlich erschreckend oder angsteinflößend. Doch genau das ist es ja, was diese Dinge so wunderbar macht, wenn man es einmal geschafft hat, sich zu überwinden. Es ist ganz normal, vor bestimmten Dingen Angst zu haben. Doch lass dich von dieser Angst nicht abhalten und stelle dich der Herausforderung. Selbst wenn der schlimmste Fall eintreten würde, wäre dieser wirklich so schlimm?

Tu dich mit jemandem zusammen, der dir emotionale Unterstützung bieten kann und der auch verantwortlich ist. Spüre das Gefühl, Angst vor etwas zu haben, doch mach es trotzdem. Dies könnte beispielsweise sein, bei einer Karaoke-Party das Mikrofon selbst in die Hand zu nehmen, Klettern, dich in einen Kurs einschreiben, der dich in der Vergangenheit eingeschüchtert hat. Du findest bestimmt etwas Passendes.

Wenn es eine große Herausforderung ist, beginne vorerst mit kleineren. Das Gefühl von Heiterkeit, das dich überkommt, wenn du etwas erreicht hast, kann vielleicht alles sein, was es braucht, dich davon zu überzeugen, mehr zu tun. Nun musst du diese Energie in dein bevorstehendes Leben mitnehmen. Wie würde dein Leben heute aussehen, wenn du all die Dinge durchgezogen hättest, von denen dich die Angst zurückgehalten hat?

Heutige Übung

Lege eine Liste mit all den Dingen an, von denen dich deine Angst abgeschreckt hat. Schmiede Pläne, wie du diese Ängste überwinden kannst, eine nach der anderen.

****

Tag Achtzehn – Lerne, dich neu zu finden

Perspektive ist alles, die Ereignisse im Leben sind zum größten Teil neutral. Manchmal passieren Dinge einfach, jedoch hängt die Art und Weise, wie wir diese Dinge interpretieren, zu einem großen Teil davon ab, was wir erwarten, von unseren Veranlagungen, Zielen, Ängsten und Persönlichkeiten. Es ist wirklich gut zu lernen, wie man Dinge in die richtige Perspektive setzt, die Frage ist nur, in wessen Perspektive?

Von einem bestimmten Standpunkt aus betrachtet, sind all deine Lebensprobleme völlig bedeutungslos. Von einem anderen

Gesichtspunkt aus betrachtet, sind die Dinge, die dir kaum auffallen, ein regelrechter Grund zu feiern. Ich war schon immer der Ansicht, dass ein großer Teil der Arbeit bei der Veränderung und Verbesserung des Lebens, nicht einmal die Arbeit am eigenen Leben ist, sondern es in erster Linie darum geht, wie dieses Leben wahrgenommen wird.

Das Problem bei einer Weltansicht ist, dass diese einen denken lässt, sie sei Realität. Das ist nicht der Fall! Es ist lediglich eine der möglichen Bilder bzw. Auffassungen der Realität. Eine Weltansicht zu haben ist hilfreich, um sich selbst anzutreiben, sich zu verbessern und sie kann auch bei der Navigation durch die Welt helfen, indem man ständig Ausschau nach den guten Dingen des Lebens hält. Allerdings kann eine Weltansicht auch weniger hilfreich sein, wenn dadurch deine Handlungen verkümmern oder eingeschränkt werden, wodurch man unglücklich wird und sich von Wahrheiten überzeugen lässt, die in Wirklichkeit alles andere als wahr sind.

Heutige Übung

Opfere einen Teil deiner Zeit dafür, mit Lebensereignissen wie Rückschlägen, Fehlern und Herausforderungen umzugehen und diese zu bewältigen. Denke dabei an Ereignisse aus der Vergangenheit und analysiere, wie du damals damit umgegangen bist und was ein besserer, vernünftigerer Ansatz gewesen wäre. Mach dir zudem Gedanken darüber, wie sich das Endergebnis unterscheiden würde und welche Vorteile oder Nutzen es für dich gegeben hätte.

****

Tag Neunzehn – Lebe intelligent in der Gegenwart

An einem gewissen Punkt im Leben hat sich gefestigt, den „Moment zu leben“ und „sich bewusst zu sein“. Würde man allerdings immer nur im Hier und Jetzt leben, so wäre man offensichtlich auch nicht in der Lage, aus seinen Fehlern zu lernen, kreativ zu sein oder Pläne für die Zukunft zu schmieden. Du wärst wahrscheinlich ruhiger und friedlicher, jedoch käme dies eher einem Goldfisch gleich und nicht einem menschlichen Wesen.

Menschen haben eine enorme Kapazität für abstrakte Gedanken, für die Planung und auch dafür, sich an die Vergangenheit erinnern zu können. Daher ist es offensichtlich, dass ein Leben nur in der Gegenwart, einer schlechten Nutzung der unglaublichen Fähigkeiten entspricht, mit denen wir geboren wurden.

Ohne jetzt zu philosophisch zu werden, würde ich einfach eine Möglichkeit vorschlagen, wie du Achtsamkeit, deinen Fokus und Bewusstsein verbesserst, ohne dich dabei zu zwingen, nicht mehr an die Vergangenheit oder Zukunft zu denken. Ich schlage einen Weg vor, bei dem du den Moment leben kannst und dabei nach wie vor der Mensch bleibst, der sich auch an seine Verpflichtungen und Verantwortlichkeiten erinnern kann und nach wie vor in der Lage ist, Pläne für den Ruhestand zu schmieden.

Die Art und Weise, die Notwendigkeit in der Gegenwart bewusst und wach zu sein und die angeborenen geistigen Kräfte für die Planung der Zukunft in eine gesunde Balance zu bringen, ist eigentlich ganz einfach: Wenn du etwas tust, dann konzentriere dich auf diese Sache! Es ist keineswegs verwerflich, sich Sorgen und Gedanken über die Zukunft zu machen, doch wird es dann zu einem echten Problem, wenn du so geistesabwesend bist, dass du die unglaublichen Dinge verpasst, die gerade vor deinen Augen passieren.

Auf die gleiche Weise bringt all der innere Frieden und die Ruhe nichts, die du durch Meditation durch Geräusche und Ansichten generierst und eine Verbundenheit mit deinen körperlichen Empfindungen aufzubauen, wenn du nicht ab und an auch planen kannst, was du dir abends zu Essen kochst oder vergisst, dein Auto oder dein Haus entsprechend abzuschließen.

Der erste Schritt sollte sein, sämtliche Ablenkungen aus der Welt zu schaffen. Deine Konzentration und Aufmerksamkeit sind begrenzte Ressourcen und verteilst du diese auf die verschiedensten Bereiche, bekommst du letztendlich nichts erledigt, setzt dich selbst unter Stress und wirst dich rückblickend auf dein Leben irgendwann fragen, wo all die kostbare Zeit nur hingegangen ist. Wenn du also etwas in Angriff nimmst, konzentriere dich auf diese eine Sache.

Starrst du auf der Arbeit auf deinen Computer-Bildschirm, kann Aufmerksamkeit als die Disziplin betrachtet werden, nicht ständig die Gedanken an Dinge zu verlieren, wie z.B. wie toll die Geschehnisse der letzten Woche waren oder was du zur anstehenden Party deines Freundes anziehen sollst. Gehst du letztendlich zu der Party, so sollte die Aufmerksamkeit ohnehin deinem Freund gelten und der schönen Zeit mit ihm und seiner Familie.

Was ich versuche zu vermitteln ist, dass es deine Aufgabe ist, deine volle Aufmerksamkeit auf das zu lenken, was du gerade tust und all deine Fähigkeiten und Energie darauf fokussierst. Setzt du dich hin und schmiedest Pläne für die Zukunft, dann mach auch dies mit deiner gesamten Aufmerksamkeit.

Lerne, deinen Geist und Willen zu stärken, so dass du deine Gefühle und Gedanken kontrollieren kannst und nicht umgekehrt. Kommt dir also ein Gedanke, laufe diesem nicht gleich hinterher, sondern stell dir die Frage, ob dieser Gedanke im jetzigen Moment überhaupt relevant ist? Kannst du etwas dagegen unternehmen?

Suchen dich Verbitterung und Bedauern aus der Vergangenheit heim, bringe diese Dinge in das Hier und Jetzt, schau genauer hin und sieh nach, was du genau jetzt tun kannst, um diese Dinge aus der Welt zu schaffen und wieder nach vorne blicken zu können. Hindert dich ein Gedanke daran, dich auf die Aufgaben des gegenwärtigen Moments zu konzentrieren, verwirf ihn auf der Stelle! In gleicher Weise sind Sorgen über die Zukunft manchmal angemessen und extrem nützlich, denn es ist dein Geist, der möchte, dass du vorsichtig bist und im Voraus planst, um die bestmöglichen Ergebnisse zu erzielen. Nimmt der Stress kein Ende und führt dich nirgendwo hin, weißt du nun, was zu tun ist – wirf ihn über Bord.

Sobald du keinerlei Probleme mehr damit hast, einem Gedanken zu sagen „Nein, du bist nicht notwendig und ich will dich auch nicht“, wirst du bemerken, dass du freier bist und die Freuden des gegenwärtigen Augenblicks wirklich genießen kannst. Natürlich wirft dir dein Geist immer wieder hypothetische Fragen im Sinne von „was wäre wenn“ oder Tagträume in dein Bewusstsein. Dein Ziel ist es, diese Gedanken zu konkretisieren und in die Gegenwart zu bringen. Beispielsweise versuchst du dich an einem Tag auf den Unterricht zu konzentrieren, jedoch schwirren dir immer wieder Gedanken durch deinen Kopf, wie z.B. dass du sauer auf deine Mutter bist und du ständig daran denken musst. Du bist völlig durcheinander und bist empört über das, was sie in der Vergangenheit getan hat.

Statt sich wie ein Heiliger zu verhalten und diesen Gefühlen einfach freien Lauf zu lassen, könntest du auch neugierig geworden sein. Dein Geist ist nicht glücklich darüber, wie die Dinge sind. Was kannst du unternehmen? Vielleicht sagst du dir selbst, wie wichtig der Unterricht oder die Vorlesung ist und dass du dich voll und ganz darauf konzentrieren musst. Du erkennst, dass dir die Sache mit deiner Mutter keine Ruhe lässt und entschließt, nach dem Unterricht deine Mutter anzurufen und ihr klar und deutlich zu sagen, was dich bedrückt.

Heutige Übung

Erstelle dir eine Liste mit all den ungelösten Dingen, die dir gerade durch den Kopf gehen. Welches Gefühl verschafft dir die Situation? Was kannst du tun, um dieses Gefühl zu ändern?

****

Tag Zwanzig – Fordere negative Gedanken heraus

Stell dir vor, du hättest einen wirklich dummen Freund und würdest alles glauben, das aus seinem Mund kommt. Er erzählt dir, dass chinesische Astrologie nur bei Chinesen funktioniert oder dass alle Hühner, die in einem lokalen Restaurant serviert werden, an Krebs erkrankt sind und du einfach nur mit dem Kopf nickst und sagst: „Was, echt? OK“ und ihm alles glaubst. Wenn du nicht alles glaubst, das dein dummer Freund dir sagt, warum solltest du dann alles glauben, dass du dir selbst sagst?

Das Seltsame und sogar Lustige an Gedanken und Überzeugungen ist, dass diese uns ebenfalls auf eine Art und Weise austricksen und uns glauben lassen, es handle sich um echte, nicht verhandelbare Fakten. Dein Freund könnte sagen, „Ich schwöre, es ist die Wahrheit und ich erfinde das nicht, aber Smartphones töten Gehirnzellen ab!“ Dies ist jedoch keine Tatsache, sondern ein Glaube.

Die einzige Möglichkeit, sich selbst zu verbessern und sich von nicht hilfreichen, einschränkenden Glaubenssätzen zu lösen ist, sich zunächst ernsthaft damit zu befassen und der beste Weg, dies zu erreichen, ist der zu lernen, dass die innere Stimme nicht immer richtig liegt. Eine erstaunliche Technik die ich erlernte, um dies zu bewerkstelligen ist folgende:

Denk an einen deiner Glaubenssätze und frage dich:

- Ist es wahr? (Ja oder Nein, wenn nicht wahr, weiter bei Frage Drei)
- Kannst du mit absoluter Sicherheit sagen, dass es wahr ist? (Ja oder nein)
- Wie reagierst du, wie fühlst du dich, was passiert, wenn du diesen Gedanken glaubst?
- Wer wärst du heute, wenn du diese Denkweise nicht hättest?

Diese Fragen entlarven die nicht auf Beweisen beruhenden, unrealistischen Glaubenssätzen, die dich zurückhalten und dich an dem hindern, was du tun kannst und wer du sein kannst. Beispielsweise betrachtest du dich eines Morgens im Spiegel und deine dumme, innere Stimme sagt dir, dass du nicht liebenswert bist und dich niemals jemand heiraten wird. Bist du nicht geübt, dich der Herausforderung zu stellen, sagst du vielleicht, „Ach echt. OK“ und führst dein Leben auf miserable Weise weiter, da du diesen Gedanken als die Wahrheit betrachtest. Glaube deiner inneren Stimme nicht alles, sondern befasse dich selbst mit der Frage, ob es wirklich die Wahrheit ist.

Nehmen wir an, du wärst besonders hartnäckig und sagst dir: „Ja, ich hatte schon viele Jahre keine Beziehung mehr und werde es wohl auch in der Zukunft nicht haben.“ und mache dann mit der nächsten Frage weiter. Kannst du mit absoluter Sicherheit sagen, dass du in Zukunft keine Beziehung führen wirst? Bestimmt nicht. Es ist Tatsache, dass die Menschen stets später im Leben heiraten. Du warst in der Vergangenheit verliebt und wirst es auch in Zukunft wieder sein und in den letzten Tagen haben dir viele Menschen gesagt, wie toll du bist. Wie reagierst du und gehst mit diesem Gedanken um? Du verhältst dich wie eine nicht liebenswerte Person. Du verfällst in Selbsthass und hörst damit auf, irgendwelche Risiken einzugehen. Wer wärst du ohne diese Denkweise? Vielleicht, aber wirklich nur vielleicht, wärst du heute glücklicher. Du wirst wieder in den Spiegel sehen und dir selbst sagen, „Hey, mir geht es gut.“ und gehst wieder in die große, weite Welt hinaus und bist empfänglich für alles, was auf dich zukommt.

Heutige Übung

Probiere dich an der oben gezeigten Formel, befasse dich mit deinen eigenen Gedanken und fordere deinen dummen, inneren Freund heraus.

****

Tag Einundzwanzig – Loslassen und glücklich sein

Um den letzten Tag deiner Herausforderung zum Glück abzuschließen, werden wir eine unterhaltsame Übung durchführen. Nur allzu häufig wird Glück als etwas betrachtet, das dem Leben hinzugefügt wird, als etwas das man kaufen kann, jemand den man kennenlernt, etwas das man tut oder Errungenschaften, die man erreicht hat.

Glück ist aber auch, loslassen zu können. In deinem Tagebuch oder Notebook schreibst du nun alles auf, was du loslassen möchtest. Keine Diskussionen, kein „eines Tages“, sondern lasse jetzt los. Du hast die Erlaubnis. Die Welt möchte, dass du glücklich bist und du solltest inzwischen erkannt haben, dass nur du verantwortlich bist.

Lass einfach gehen. Schnappe dir deinen Stift und schreib und höre nicht mit Schreiben auf, bis alles zu Papier gebracht ist.

Folgende Liste enthält einige Beispiele von Dingen, die du eventuell für immer loslassen möchtest:

- Menschen, die du in deinem Leben nicht willst oder brauchst
- Die Realität bestreiten
- Groll über die Vergangenheit oder das, was jemand früher getan hat
- Hemmungen, was du tun solltest und was nicht
- Es immer anderen Recht machen zu wollen
- Schuld über vergangene Dinge
- Bedauern, was du nicht schon vor Jahren gemacht hast
- Verantwortlich zu sein
- Dich über Dinge aufzuregen, die außerhalb deiner Kontrolle liegen
- Wütend über Dinge zu sein, die du nicht ändern kannst
- Angst vor der Zukunft
- Negative Selbstgespräche
- Scham
- Die Denkweise, dass du immer glücklich sein musst
- Die Denkweise, perfekt sein zu müssen
- Stur den „richtigen Weg“ kennen zu wollen

- All deine Meinungen
- Verzweifelt von anderen akzeptiert werden zu wollen
- Scham Dich dafür zu schämen, wer du bist und was du wirklich willst
- Geldsorgen
- Sich ständig verteidigen zu wollen
- Negative Menschen, die dir keinen Mehrwert liefern
- Die Angst zu versagen
- Ziele und Errungenschaften immer ausbauen zu wollen
- Dein eigenes Leben mit anderen vergleichen
- Verpflichtungen und Erwartungen
- Die Angst verlassen oder allein gelassen zu werden
- Geringes Selbstwertgefühl
- Depression und sich selbst zu belügen
- Entschuldigungen
- Schüchtern sein, die eigene Meinung nicht zu äußern, deine Grenzen nicht zu verteidigen

Deine Liste kann vielleicht wie das obige Beispiel aussehen oder eine etwas persönlichere und spezifischere Form annehmen. Natürlich kannst du auch kleinere Punkte aufschreiben, wie den täglichen Schokoriegel oder große Dinge, wie deine Familie. Es ist ganz dir überlassen.

****

Abschließende Worte

Ich hoffe, dass du nun einen Punkt erreicht hast, an dem ich es geschafft habe, dich davon zu überzeugen und dir bewusst wird, dass wenn man sich mutig den erforderlichen Arbeiten für das Erreichen seiner Ziele stellt, das Glück kein Wischi-Waschi ist, sondern Realität. Etwas, das du jeden Tag wachsen lassen und pflegen kannst.

Nun, da du das Ende deiner Herausforderung zu mehr Glück erreicht hast, ist es nun deine Aufgabe, eine kreative Art und Weise zu finden, um alles Gelernte in dein Leben zu integrieren.

Wenn dir einige der Übungen besonders gut gefallen haben, warum machst du sie nicht jeden Tag? Integriere die Übungen, die dir am Meisten gebracht haben, in dein neues Leben. Was auch immer du tust, ich hoffe nur, dass du nun ein bisschen davon überzeugt bist, dass das Glück auch dir nicht verwehrt wird und eine echte Alternative ist und dass es schon immer deine Wahl war, ob du zufrieden, fröhlich und fokussiert sein möchtest.

Die letzte Herausforderung

Es ist ganz dir überlassen, ob du dies tun möchtest oder nicht.

Wenn du morgen aufwachst, dann wache mit einem offenen und empfänglichen Geist auf und schaffe in deinem Herzen Platz für absolute Ehrlichkeit, Kreativität und Glück. Gestalte die nächsten 21 Tage ganz nach deinen Wünschen und höre danach nicht einfach auf.

Den Rest deines Lebens gestaltest du dir selbst.

Viel Glück.

16657990R00030

Printed in Poland
by Amazon Fulfillment
Poland Sp. z o.o., Wrocław